Un libro ilustrado sobre

Abraham Lincoln

David A. Adler

Ilustrado por John y Alexandra Wallner
Traducción de Teresa Mlawer

Holiday House / New York

Printed in the United States of America

Library of Congress Cataloging-in-Publication Data
Adler, David A.
[Picture book of Abraham Lincoln. Spanish]
Un libro ilustrado sobre Abraham Lincoln / David A. Adler ;
ilustrado por John & Alexandra Wallner ; traducción de Teresa
Mlawer.
p. cm.
Translation of: A picture book of Abraham Lincoln.
Summary: Follows the life of the popular president, from his
childhood on the frontier to his assassination at the end of the
Civil War.
ISBN 0-8234-0980-5
1. Lincoln, Abraham, 1809-1865—Pictorial works—Juvenile
literature. 2. Presidents—United States—Pictorial works—Juvenile
literature. [1. Lincoln, Abraham, 1809-1865. 2. Presidents.
3. Spanish language materials.] I. Wallner, John C., ill.
II. Wallner, Alexandra, ill. III. Title.
E457.905.A3518 1992 92-52854 CIP AC
973.7'092—dc20
[B]
ISBN 0-8234-0980-5
ISBN 0-8234-0989-9 (pbk.)

Para Gabriella Goldwyn

D.A.

Con agradecimiento a Kate, John, y Margery.

J.W. y A.W.

Abraham Lincoln nació en Kentucky el 12 de febrero de 1809, en una pequeña cabaña de troncos de una sola habitación.

Abraham y su hermana mayor, Sarah, ayudaban en la casa y en la granja. Cuando no precisaban de su ayuda en la casa, caminaban dos millas para llegar a la escuela y la misma distancia para regresar a la casa.

Cuando Abraham tenía siete años, su familia se trasladó a Indiana. Abraham ayudaba a su familia a cortar árboles para poder construir su nueva cabaña de troncos y preparar el terreno para la granja.

Cuando Abraham tenía nueve años, su mamá murió. Al año siguiente, su papá se casó con Sarah Bush Johnston, una viuda con tres hijos. La madrastra de Abraham era buena con él. Él la llamaba cariñosamente ‹mi mamá ángel›.

Abraham sentía un amor especial por los libros. A veces caminaba muchas millas para pedir un libro prestado. Cuando araba la tierra, a menudo descansaba para leer.

En 1830, cuando Abraham tenía veintiún años, su familia se mudó a Illinois. Abraham ayudó a su papá a sembrar maíz, y a construir una nueva casa y una cerca.

Abraham era alto, delgado y fuerte. En 1831, él y dos hombres más construyeron una barca y navegaron por todo el río Mississippi, hasta llegar a Nueva Orleans.

En Nueva Orleans, Abraham vio un mercado de esclavos por primera vez. Estaban vendiendo a los esclavos negros, encadenados, como si fueran ganado. Abraham Lincoln se sintió muy triste al ver esto y nunca lo pudo olvidar.

Abraham fue río arriba en un barco de vapor hasta New Salem, Illinois, donde trabajó como dependiente en una tienda de artículos en general. Tenía en aquel entonces veintidós años. Su carácter era alegre, sonreía, le gustaba hacer chistes, contar cuentos y conversar de política. Todas las personas lo estimaban.

En 1834, Abraham Lincoln comenzó a estudiar Derecho. Dos años más tarde, terminó su carrera de abogado y se trasladó a Springfield, la nueva capital de Illinois.

Abraham fue candidato para diferentes cargos del gobierno en varias ocasiones. Sirvió en la legislatura del estado de Illinois. Fue miembro de la Cámara de Representantes de los Estados Unidos durante dos años.

En Springfield, Abraham se enamoró de Mary Todd, una mujer inteligente y de mucha simpatía. Se casaron en 1842.

Tuvieron cuatro hijos, Robert, Edward, William y Thomas.

En 1858, Abraham fue elegido como candidato para las elecciones del Senado de los Estados Unidos, por el nuevo partido republicano. Su oponente era el Senador Stephen A. Douglas.

Abraham Lincoln estaba en contra de la esclavitud. Él y el Senador Douglas tuvieron varios debates. Lincoln perdió las elecciones, pero alcanzó fama a través del país durante los debates.

En 1860, Abraham Lincoln fue candidato a la presidencia de los Estados Unidos y su oponente fue el Senador Stephen A. Douglas. En esta ocasión ganó Lincoln.

Cuando Abraham Lincoln tomó posesión de la presidencia, había más de tres millones de esclavos negros en los estados del sur. Los electores del sur no estaban contentos de tener un presidente que odiara la esclavitud.

Al poco tiempo de haber sido elegido presidente Abraham Lincoln, once de los estados del sur se separaron de los Estados Unidos y formaron su propio gobierno, la Confederación de los Estados de América.

El 12 de abril de 1861, los soldados confederados abrieron fuego contra el Fuerte Sumter, en Carolina del Sur. La guerra entre el norte y el sur, la Guerra Civil, había comenzado.

Abraham Lincoln decidió responder a este ataque para tratar de mantener la unión del país.

Durante la guerra, Lincoln escribió la Proclama de la Liberación, que decretaba la libertad para todos los esclavos de los estados de la Confederación.

LOS ESCLAVOS SON LIBRES.

En 1863, Lincoln fue invitado a hablar en Gettysburg, Pennsylvania. Su discurso es conocido como el Discurso de Gettysburg. Él dijo: "Nuestro gobierno, del pueblo, por el pueblo y para el pueblo, no desaparecerá de la tierra".

En 1864 el norte ganó algunas batallas importantes. Al final de ese año, Lincoln fue reelegido presidente.

El 9 de abril de 1865 terminó la guerra. El sur se rindió al norte. La guerra había durado cuatro años. Muchos habían muerto.

Cinco días más tarde, en la noche del 14 de abril, Abraham y Mary Lincoln fueron al teatro. Una hora después de haber comenzado la función, se escuchó un disparo. John Wilkes Booth, un actor que apoyaba al sur, había disparado contra el presidente. Lincoln falleció al día siguiente.

El cuerpo sin vida de Lincoln fue transportado por tren hasta Springfield, Illinois. Millones de personas acudieron a ver pasar el tren y darle el último adiós a Abraham Lincoln.

El pueblo lo llamaba Abe, el honesto, el padre Abraham, y el salvador de la Unión. Algunas personas piensan que Abraham Lincoln ha sido nuestro mejor presidente.

FECHAS CLAVES

1809	Nace el 12 de febrero en Kentucky.
1818	Fallece la mamá de Lincoln, Nancy Hanks Lincoln.
1842	Se casa con Mary Todd el 4 de noviembre.
1847–1849	Sirve en la Cámara de Representantes de los Estados Unidos.
1858	Es derrotado por el Senador Stephen A. Douglas en la campaña para obtener el cargo de senador de los Estados Unidos.
1860	Es elegido el decimosexto presidente de los Estados Unidos.
1861	Se abre fuego, por primera vez, contra el Fuerte Sumter, en Carolina del Sur, lo que da comienzo a la Guerra Civil.
1863	Emite la Proclama de la Liberación el 1 de enero y pronuncia su discurso de Gettysburg el 19 de noviembre.
1865	Las fuerzas de los confederados se rinden el 9 de abril. Termina la Guerra Civil.
1865	El 14 de abril disparan contra Abraham Lincoln y fallece al día siguiente.